BIBLIA
PARA EXPLORADORES

Antiguo Testamento

Ilustrado por José Pérez Montero

TYNDALE NIÑOS

TYNDALE HOUSE PUBLISHERS, INC.
CAROL STREAM, ILLINOIS, EE. UU.

¡Hola! Soy Miguelito. Me encantan las aventuras y viajar a través del tiempo. Lo que más me gusta es volver a los tiempos bíblicos y presenciar algunos de los acontecimientos más emocionantes de la historia. ¿Eres bueno para encontrar cosas? Si lo eres, te invito a que me acompañes. Haremos un poco de investigación y al final de nuestra travesía serás un experto explorador de la Biblia.

Algunas cosas antes de comenzar: al leer los relatos, intenta encontrar las cosas en la barra lateral de cada escena. Cuando encuentres cada clave, aprenderás un poquito más acerca de la vida dramática, colorida y a veces caótica en los tiempos bíblicos. Al avanzar, verás cosas graciosas o sorprendentes: espero que algunas te hagan reír; otras tal vez te dejen con la boca abierta. Todo será parte de la diversión a medida que recorramos juntos el Antiguo Testamento.

Dios crea a los animales

Después de crear la tierra, Dios dijo: «Que la tierra se llene de animales». Entonces Dios hizo animales domésticos, pequeños animales que se arrastran por el suelo y animales salvajes de todo tamaño y forma. Cuando Dios vio todos los animales que había creado, dijo: «Esto es bueno».

Tomado de Génesis 1:24-25

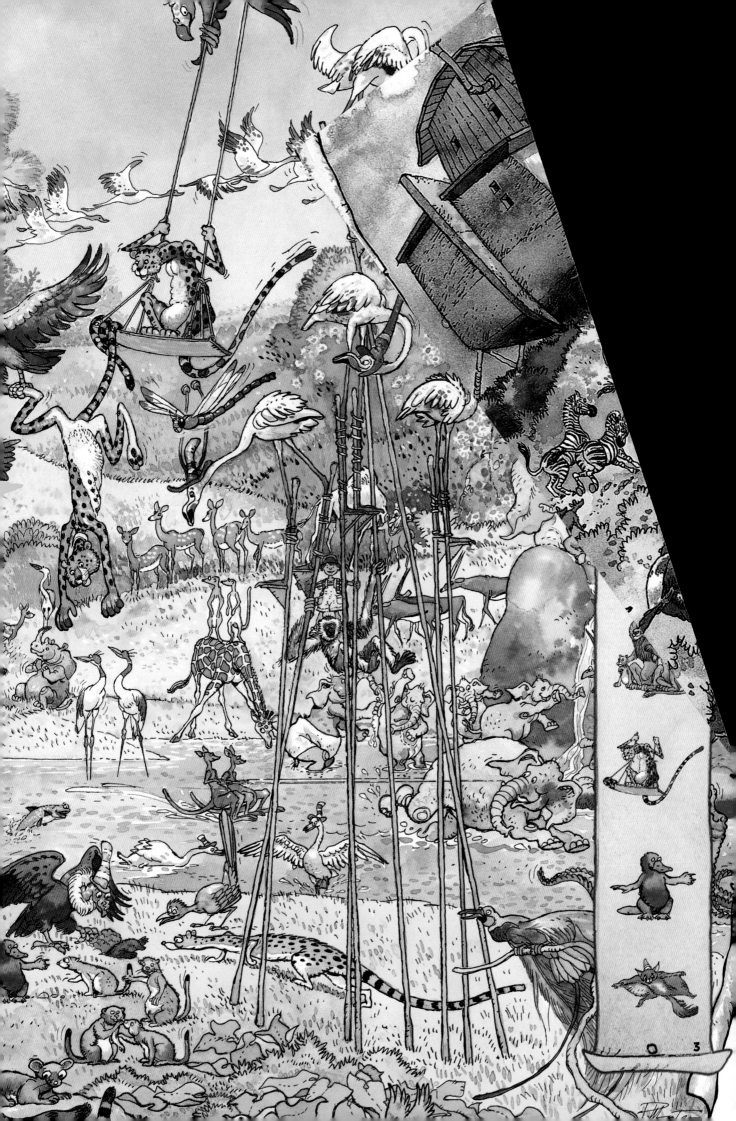

3

Una discusión en la torre de Babel

Hubo un tiempo en que todos los habitantes del mundo hablaban el mismo idioma, y decidieron construir una torre que llegara hasta el cielo para que los hiciera famosos. Dios dijo: «Están unidos porque hablan el mismo idioma. Podrían lograr cualquier cosa que quisieran». Entonces Dios revolvió su idioma y los dispersó por todo el mundo.

Tomado de Génesis 11:1-9

Los israelitas lloran en Egipto

El pueblo de Israel vivía en Egipto. Había tantos israelitas que el rey de Egipto temía que ellos pudieran pelear contra los egipcios. Así que los egipcios tomaron como esclavos a los israelitas, forzándolos a trabajar duramente en los campos y a construir las ciudades egipcias.

Tomado de Éxodo 1:7-14

El cruce del mar Rojo

Moisés sacó a los israelitas de Egipto, pero los egipcios los persiguieron en un intento de llevarlos de regreso a Egipto. Cuando el pueblo llegó al mar Rojo, Moisés levantó la mano, y Dios separó las aguas. Los egipcios los siguieron por el lecho del mar, pero cuando los israelitas ya estaban del otro lado, Dios permitió que las aguas cayeran sobre los egipcios.

Tomado de Éxodo 14:21-30

La alimentación con maná en el desierto

Mientras los israelitas estaban viajando, Dios los escuchó quejarse del hambre. Así que les envió aves por la tarde para que tuvieran carne y envió maná por la mañana, que era como pan. Moisés les dijo que Dios había provisto esta comida y que cada uno debía juntar lo suficiente para su familia. *Tomado de Éxodo 16:12-16*

La batalla contra los amalecitas

Los amalecitas vinieron y atacaron a los israelitas. Durante la batalla, Moisés, Aarón y Hur subieron a una colina cercana, y Moisés oró a Dios con las manos en alto. Si bajaba las manos, los amalecitas ganaban; pero si mantenía las manos en alto, ganaban los israelitas. Aarón y Hur ayudaron a Moisés a mantener sus manos en alto, ¡y los israelitas ganaron la batalla!

Tomado de Éxodo 17:8-13

La caída de Jericó

Dios les había dado a los israelitas la ciudad de Jericó, pero estaba rodeada por muros. Dios le dijo a Josué: «Marcha alrededor de la ciudad con tu ejército una vez al día durante seis días. En el séptimo día, marcha alrededor de ella siete veces. Dile a los sacerdotes que toquen las trompetas y que la gente grite, y los muros se caerán». Josué hizo todo lo que Dios le pidió, ¡y los muros cayeron! Los israelitas entraron corriendo a la ciudad y derrotaron al ejército de Jericó.

Tomado de Josué 6:1-20

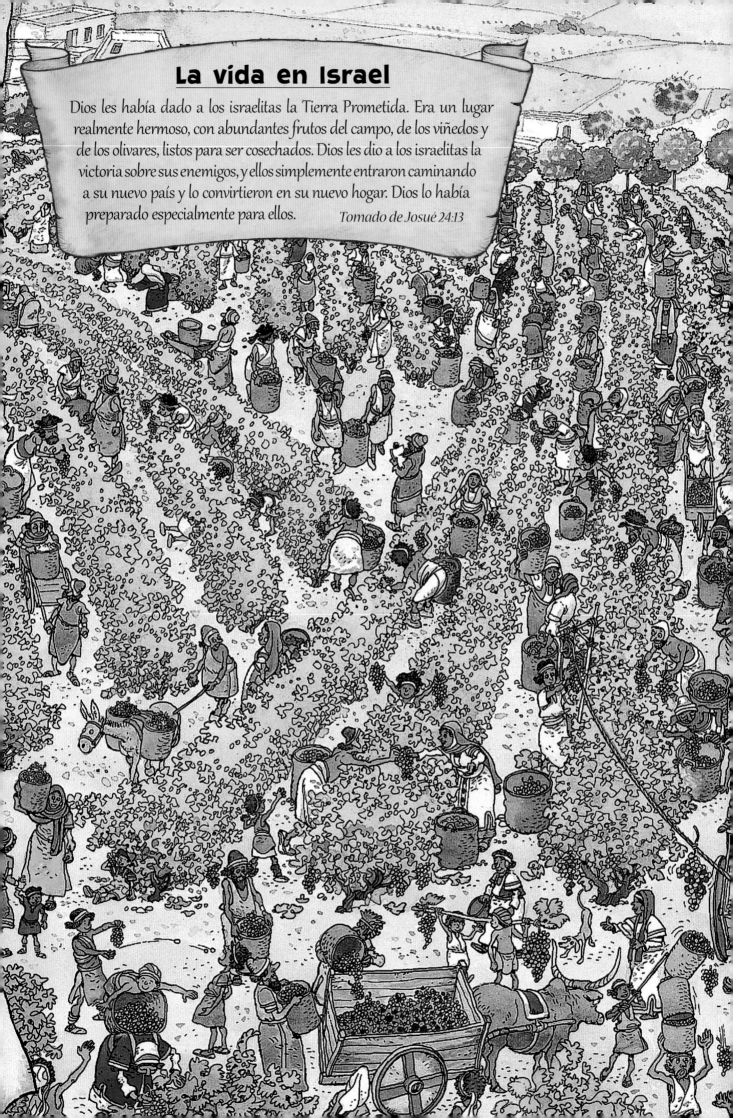

La vida en Israel

Dios les había dado a los israelitas la Tierra Prometida. Era un lugar realmente hermoso, con abundantes frutos del campo, de los viñedos y de los olivares, listos para ser cosechados. Dios les dio a los israelitas la victoria sobre sus enemigos, y ellos simplemente entraron caminando a su nuevo país y lo convirtieron en su nuevo hogar. Dios lo había preparado especialmente para ellos. *Tomado de Josué 24:13*

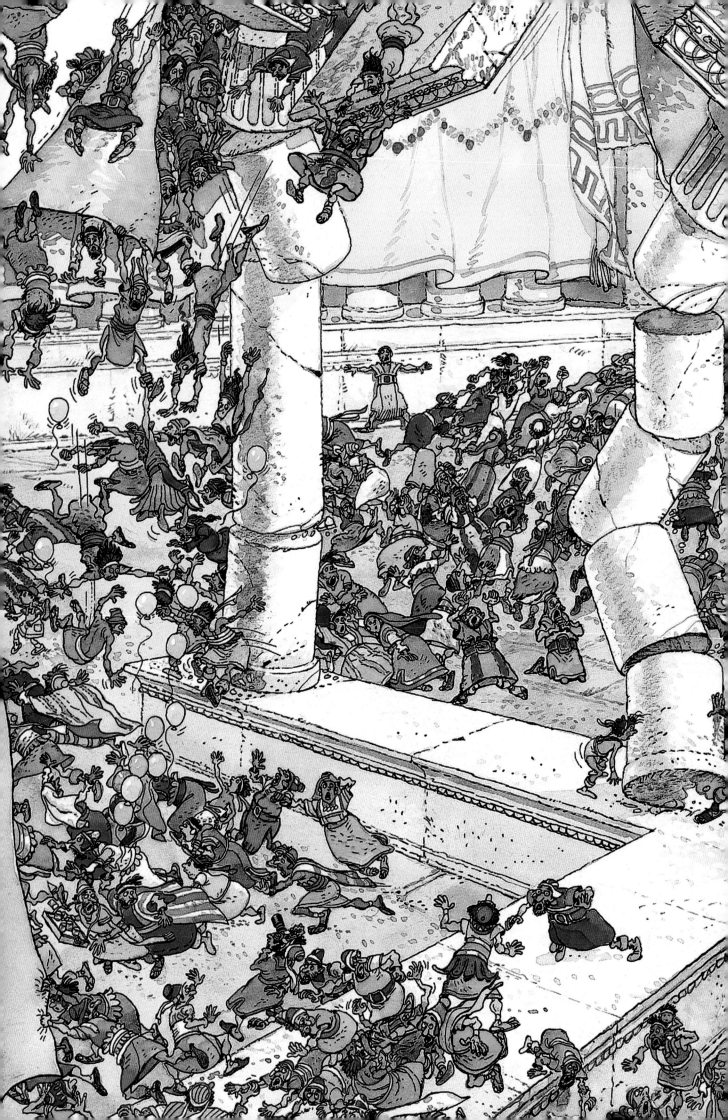

La historia de Sansón

Los reyes filisteos se reunieron para agradecer a su dios, Dagón, porque les había ayudado a capturar a Sansón, el héroe y protector de los israelitas. Un día sacaron, a Sansón para burlarse de él, y lo pusieron entre dos columnas que sostenían el templo de Dagón. Sansón oró: «Dios, por favor dame fuerzas solo una vez más». Empujó las columnas lo más fuerte que pudo. Estas se rompieron, y el templo se desplomó. Por última vez en su vida, Sansón derrotó a sus enemigos con la ayuda de Dios. *Tomado de Jueces 16:23-30*

Busca:

David pelea contra Goliat

Goliat desafió a los israelitas: «Elijan un hombre para pelear conmigo. Si yo gano, ustedes serán nuestros esclavos. Si ustedes ganan, nosotros seremos sus esclavos». Los israelitas estaban aterrados ante Goliat, pero David dijo: «¡Yo pelearé contra él!». Entonces se enfrentó al gigante con solo una honda y le gritó: «¡Tú peleas con espada y lanza, pero yo peleo en el nombre del Señor!». Mientras Goliat lo maldecía y se burlaba de él, David corrió hacia Goliat y lanzó una piedra con su honda. La piedra golpeó fuertemente a Goliat, y este cayó al suelo. ¡Dios le dio la victoria a David y al ejército israelita!   *Tomado de 1 Samuel 17:8-54*

David trae de regreso el arca del pacto

El arca del pacto, que guardaba los Diez Mandamientos, había sido robada por los filisteos y había estado fuera de Jerusalén durante varios años. Ahora el rey David estaba decidido a traerla de regreso. Después de un intento que falló, finalmente pudo devolverla al lugar donde pertenecía. Mientras los sacerdotes entraban a Jerusalén con el arca, muchos israelitas hacían sonar sus instrumentos, y David danzó ante Dios con todas sus fuerzas. Estaba feliz porque finalmente había recuperado el arca del pacto. *Tomado de 2 Samuel 6:1-19*

Busca:

25

La construcción del templo de Dios

Cuatrocientos ochenta años después de que los israelitas salieron de la esclavitud en Egipto, Salomón, el hijo de David, comenzó a construir la casa del Señor: el hermoso templo en Jerusalén. Se aseguró de que los obreros lo construyeran con precisión. Dios prometió a su pueblo: «Obedezcan mis leyes y mis mandamientos, y yo viviré en este templo y los bendeciré a ustedes y a la tierra en la que viven». Salomón usó los mejores materiales, y siete años después, la construcción estuvo terminada. Habían construido una casa para Dios.

Tomado de 1 Reyes 6

Busca:

Los muros de Jerusalén

Los israelitas fueron capturados por sus enemigos, y Dios los guió finalmente a casa. Después de muchos años y muchas guerras, los muros que rodeaban a Jerusalén se habían derrumbado. Dios puso a Nehemías a cargo de la reconstrucción y le dio un plan genial. Cada persona en Jerusalén trabajaría solamente en la sección del muro más cercana al lugar donde vivía. Con este plan, los israelitas reconstruyeron las poderosas murallas de Jerusalén en solo cincuenta y dos días.

Tomado de Nehemías 2–3; 6:15-16

Visite la página de Internet de Tyndale para niños: www.tyndale.com/kids.

TYNDALE y el logotipo de la pluma son marcas registradas de Tyndale House Publishers, Inc. El logotipo de Tyndale Niños y el logotipo de Tyndale Kids son marcas de Tyndale House Publishers, Inc.

Biblia para exploradores: Antiguo Testamento

© 2017 por Scandinavia Publishing House. Todos los derechos reservados.

Originalmente publicado en inglés como *Bible Detective: Looking for God's People* (ISBN 9788771328332) y *Bible Detective: Looking for the Promised Land* (ISBN 9788771328349) por Scandinavia Publishing House. Una edición simultánea en inglés fue publicada como *Bible Sleuth: Old Testament* por Tyndale House Publishers, Inc., con ISBN 978-1-4964-2244-6.

Texto: Vanessa Carroll

Diseño: Gao Hanyu, Li Dan, Jacqueline L. Nuñez

Edición del inglés: Cecilie Fodor, Sarah Rubio

Traducción al español: Adriana Powell Traducciones

Edición del español: Christine Kindberg

ISBN 978-1-4964-2245-3

Impreso en China
Printed in China

23   22   21   20   19   18   17
7   6   5   4   3   2   1